Carnet de grossesse by Sophie Magie

Mère: _____

Père: _____

Nous savons que
nous sommes
enceintes depuis: _____

Notre bébé naitra le: _____

la première échographie

Naître, c'est recevoir
tout un univers
en cadeau.

C'est moi

Nom: ~~~~~~~~~~~~~~~~

Anniversaire: ~~~~~~~~~~~~~~~

Poids: ~~~~~~~~~~~~~~~~

Ma grossesse

comment j'ai remarqué que j'étais enceinte:

~~~~~~

~~~~~~

~~~~~~

~~~~~~

c'est ainsi que je l'ai expliqué au papa:

~~~~~~

~~~~~~

~~~~~~

~~~~~~

c'est ainsi qu'ont réagit nos amis et notre famille:

~~~~~~

~~~~~~

~~~~~~

~~~~~~

Ma valise pour la clinique

Baby To Do

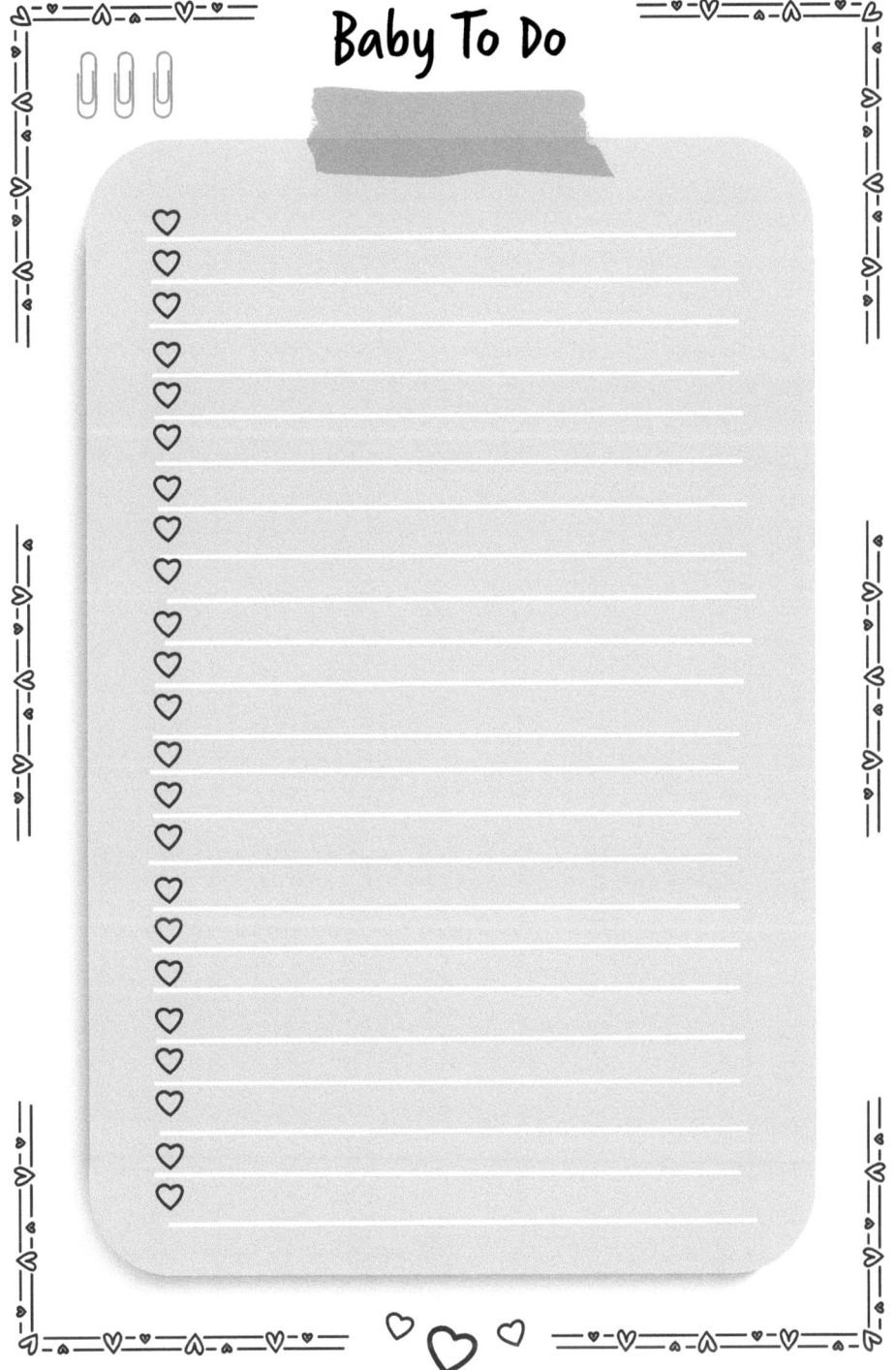

Matériel de base pour bébé

Possibilités de prénoms

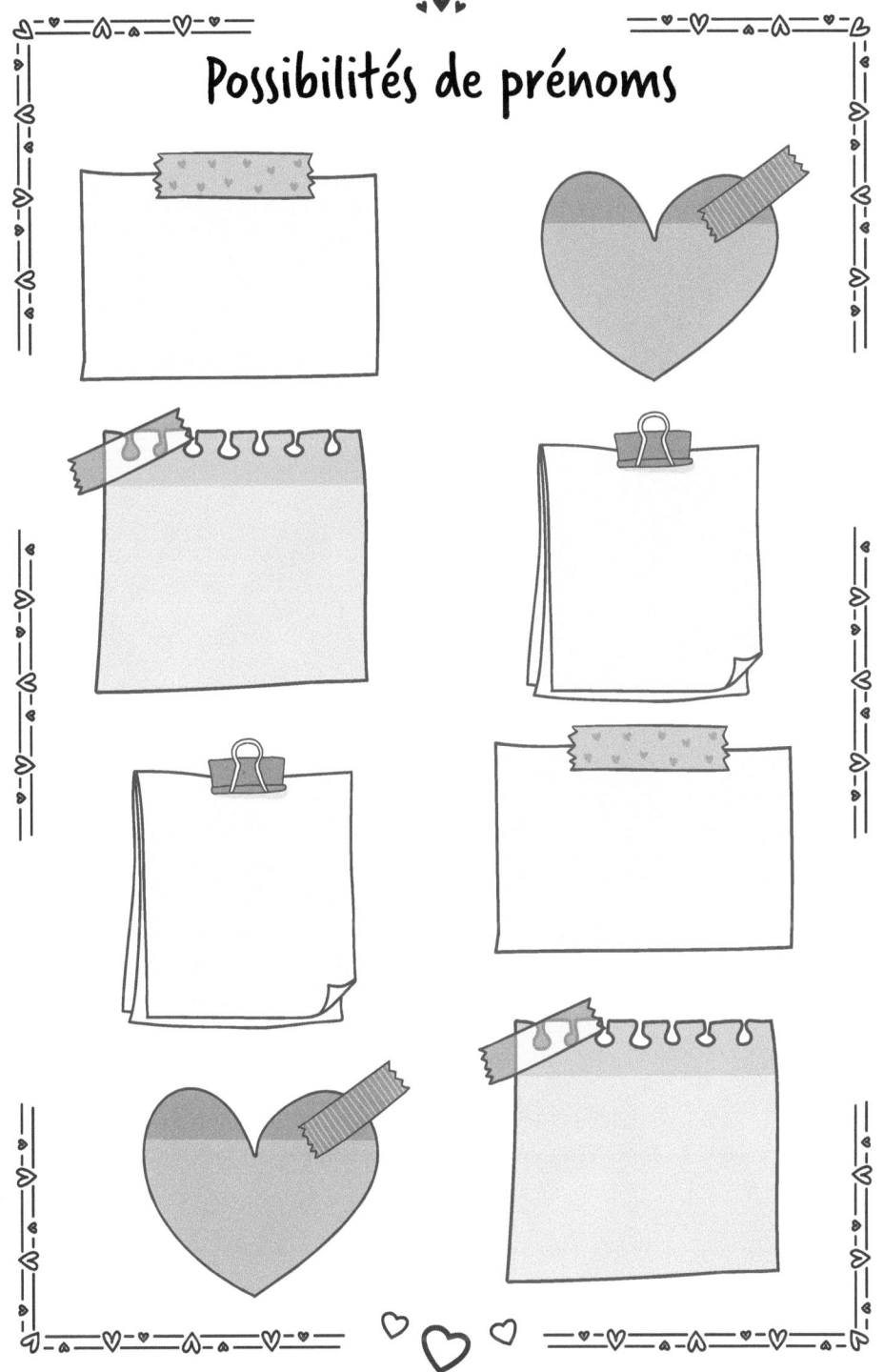

Photo de mon ventre

1er mois

Semaine **5**

Cher journal,   Date: ~~~~~~~

~~~~~~
~~~~~~

~~~~~~
~~~~~~
~~~~~~
~~~~~~

Mon poids: ....kg

La nourriture qui me fait le plus envie:

voilà comment je me sens:

Circonférence abdominale: .... cm

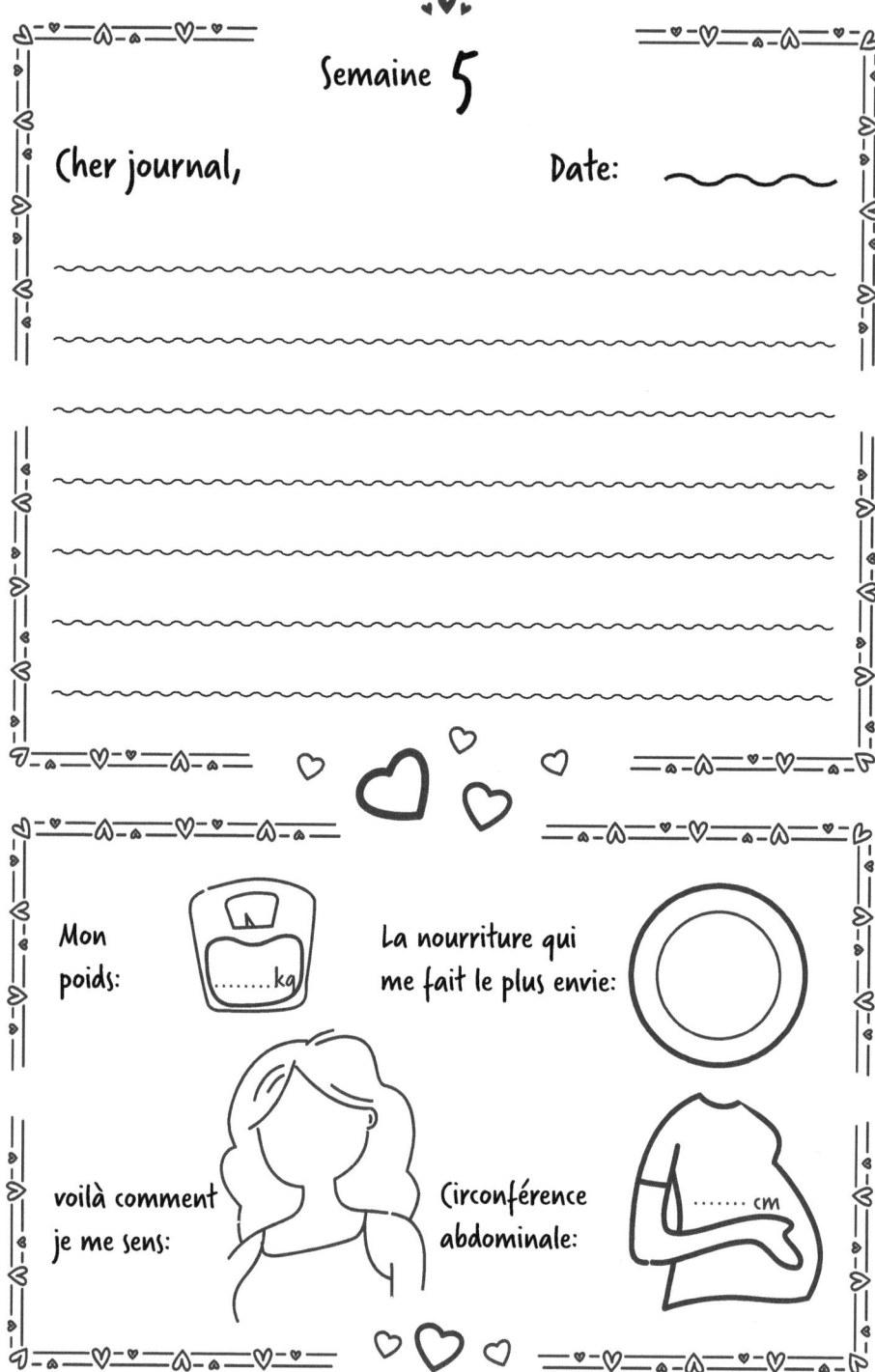

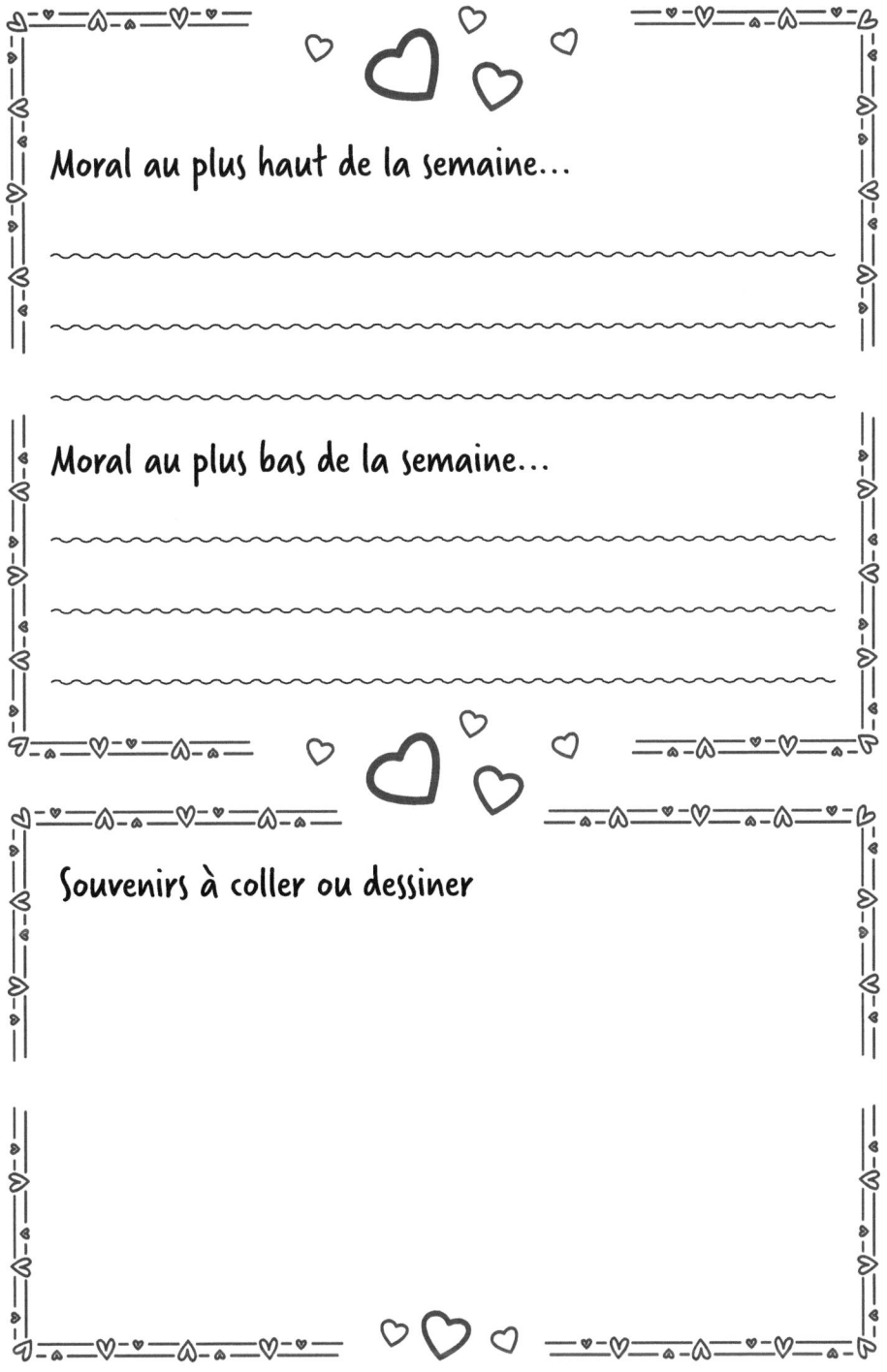

Moral au plus haut de la semaine…

~~~~~~

~~~~~~

~~~~~~

Moral au plus bas de la semaine…

~~~~~~

~~~~~~

~~~~~~

Souvenirs à coller ou dessiner

Semaine 6

Cher journal,   Date: ~~~~~~~

~~~~~~

~~~~~~

~~~~~~

~~~~~~

~~~~~~

~~~~~~

~~~~~~

Mon poids: ....kg

La nourriture qui me fait le plus envie:

voilà comment je me sens:

Circonférence abdominale: .... cm

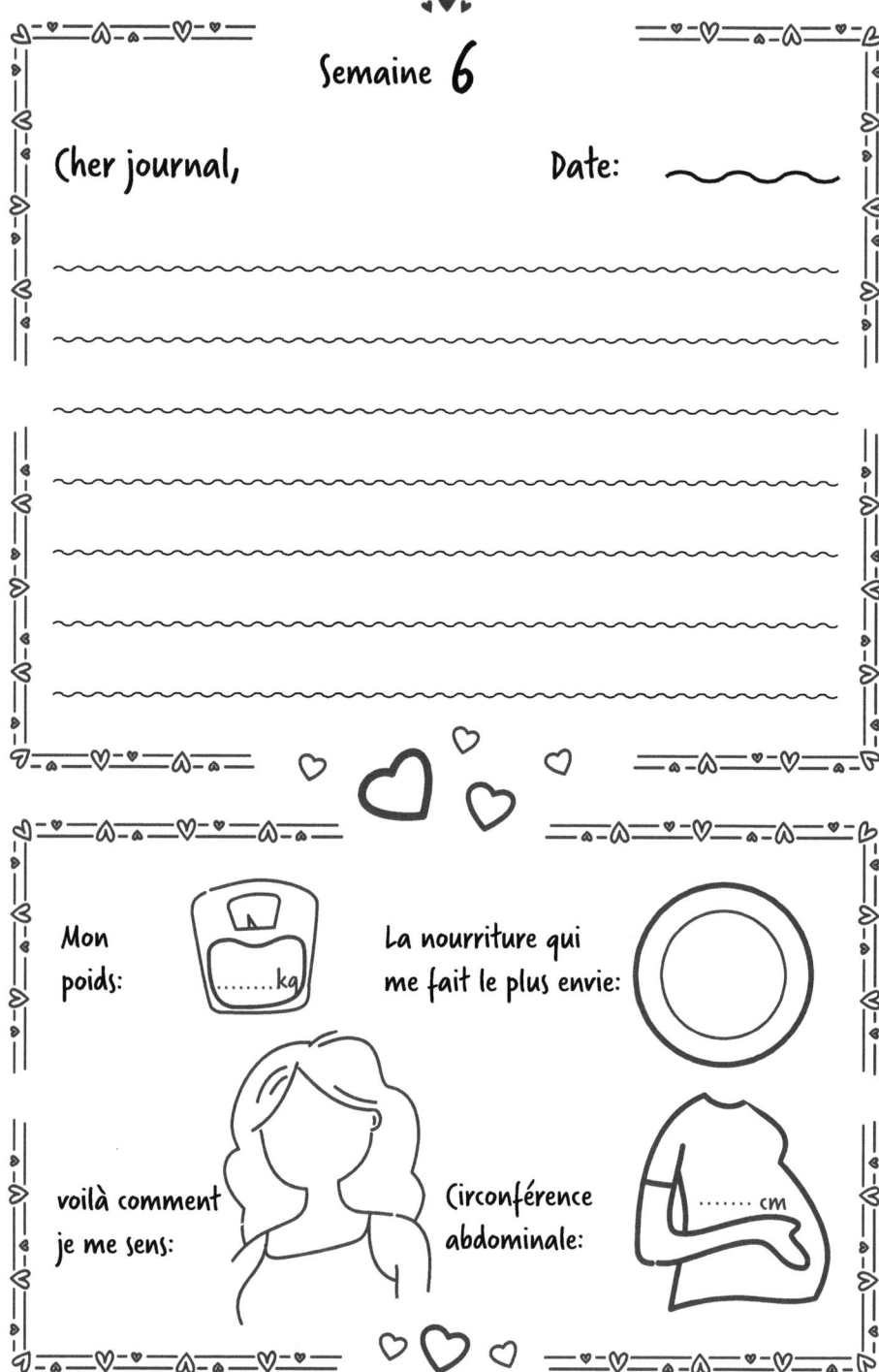

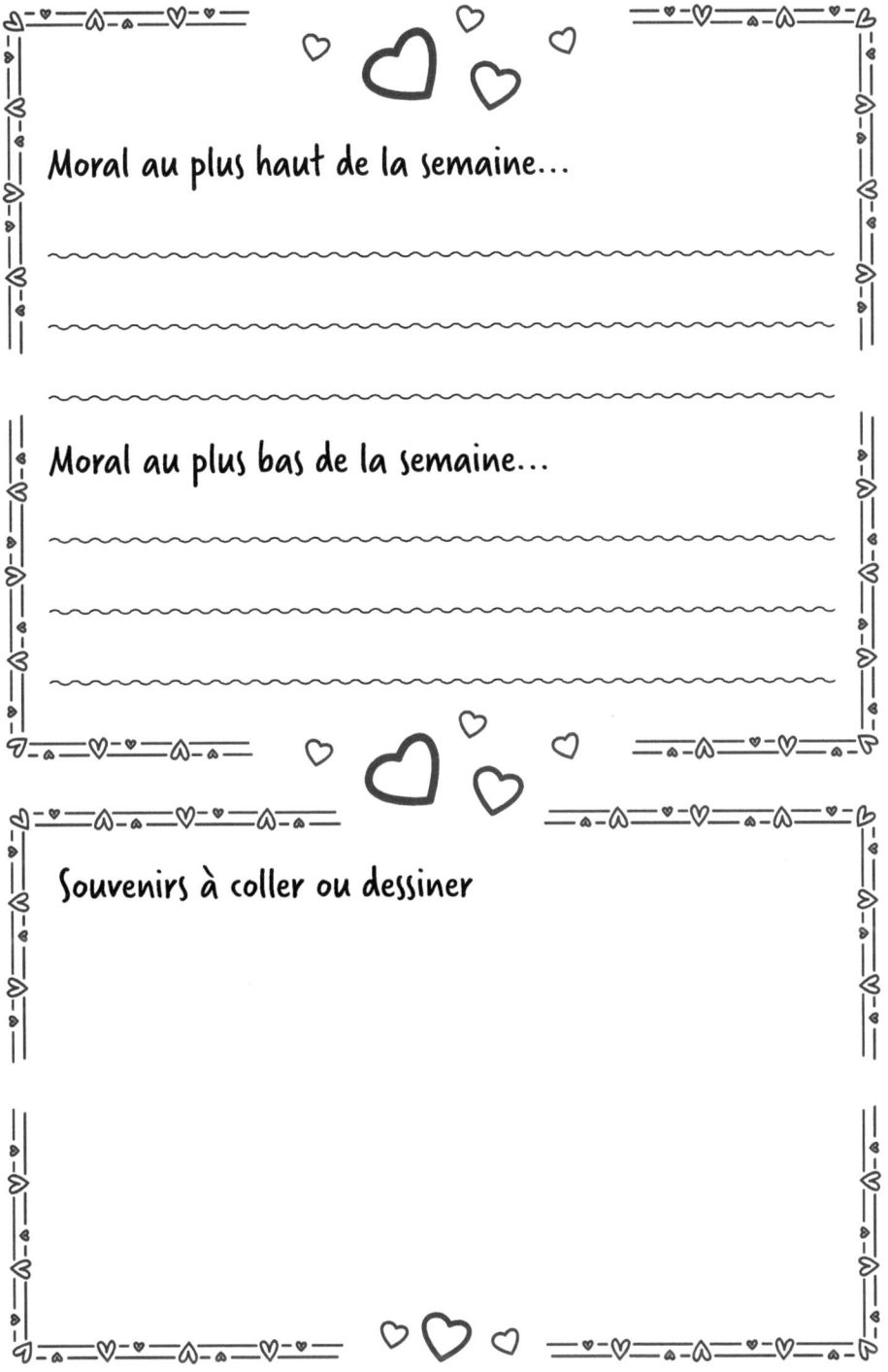

Moral au plus haut de la semaine...

Moral au plus bas de la semaine...

Souvenirs à coller ou dessiner

Semaine 7

Cher journal,   Date: ~~~~~~~

~~~~~~
~~~~~~

~~~~~~
~~~~~~
~~~~~~
~~~~~~
~~~~~~

Mon poids: ....kg

La nourriture qui me fait le plus envie:

voilà comment je me sens:

Circonférence abdominale: ....cm

Moral au plus haut de la semaine...

Moral au plus bas de la semaine...

Souvenirs à coller ou dessiner

Semaine 8

Cher journal,

Date: ～～～～～

～～～～～～～～～～～～～～～～～～～

～～～～～～～～～～～～～～～～～～～

～～～～～～～～～～～～～～～～～～～

～～～～～～～～～～～～～～～～～～～

～～～～～～～～～～～～～～～～～～～

～～～～～～～～～～～～～～～～～～～

～～～～～～～～～～～～～～～～～～～

Mon poids: ....kg

La nourriture qui me fait le plus envie:

voilà comment je me sens:

Circonférence abdominale: .... cm

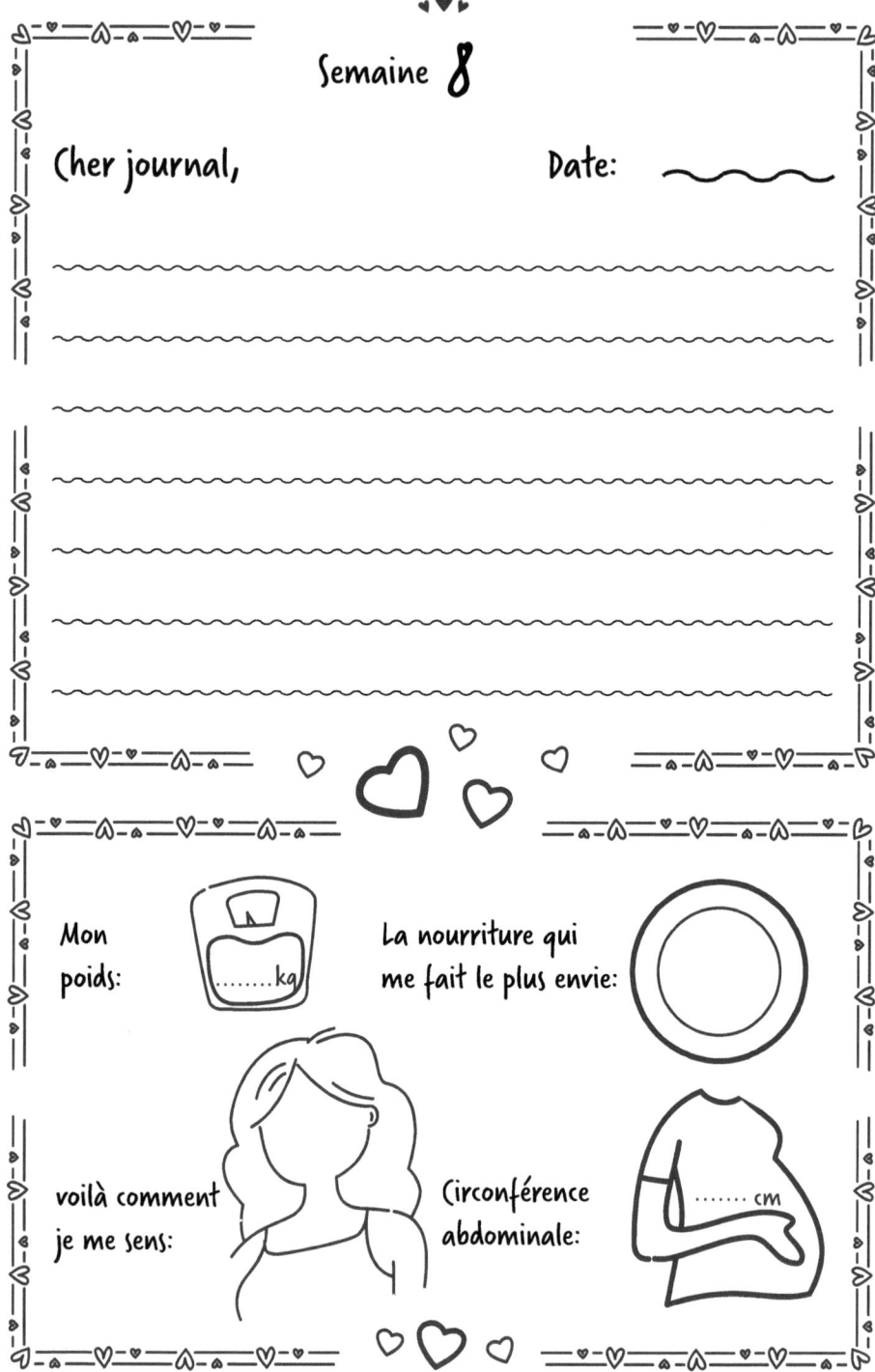

Moral au plus haut de la semaine…

~~~~~~

~~~~~~

~~~~~~

Moral au plus bas de la semaine…

~~~~~~

~~~~~~

~~~~~~

Souvenirs à coller ou dessiner

Photo de mon ventre

2ème mois

Semaine 9

Cher journal,   Date: ~~~~~~

~~~~~~

~~~~~~

~~~~~~

~~~~~~

~~~~~~

~~~~~~

~~~~~~

Mon poids: ....kg

La nourriture qui me fait le plus envie:

voilà comment je me sens:

Circonférence abdominale: .... cm

Moral au plus haut de la semaine...

Moral au plus bas de la semaine...

Souvenirs à coller ou dessiner

Semaine 10

Cher journal,   Date: ～～～

～～～～～～～～～～～～～～～～～～～～～～～
～～～～～～～～～～～～～～～～～～～～～～～

～～～～～～～～～～～～～～～～～～～～～～～
～～～～～～～～～～～～～～～～～～～～～～～
～～～～～～～～～～～～～～～～～～～～～～～
～～～～～～～～～～～～～～～～～～～～～～～
～～～～～～～～～～～～～～～～～～～～～～～

Mon
poids: ....kg

La nourriture qui
me fait le plus envie:

voilà comment
je me sens:

Circonférence
abdominale: .... cm

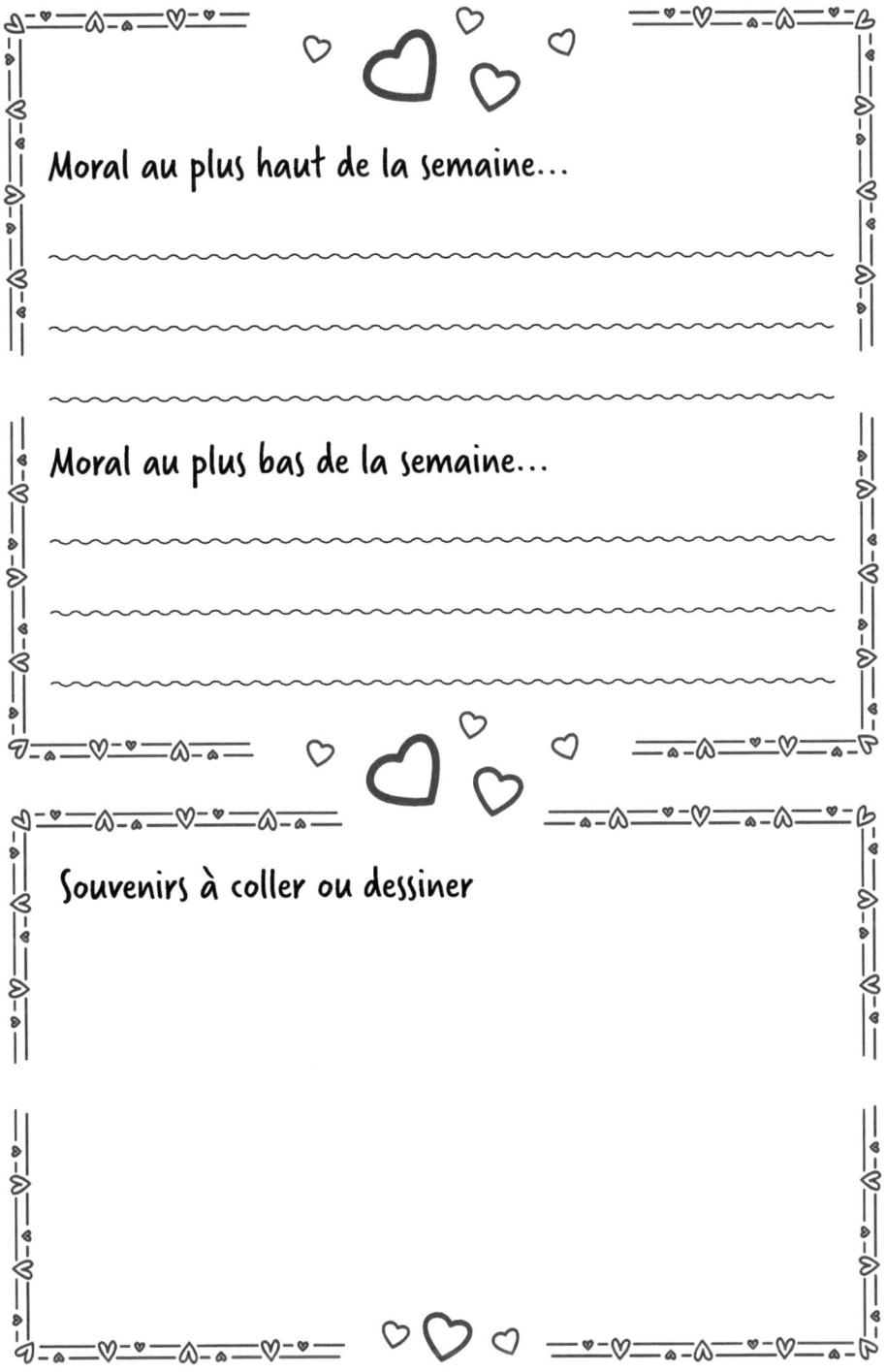

Moral au plus haut de la semaine...

Moral au plus bas de la semaine...

Souvenirs à coller ou dessiner

Semaine 11

Cher journal,

Date: ～～～

～～～～～～～～～～～～～～～～～～～
～～～～～～～～～～～～～～～～～～～

～～～～～～～～～～～～～～～～～～～
～～～～～～～～～～～～～～～～～～～
～～～～～～～～～～～～～～～～～～～
～～～～～～～～～～～～～～～～～～～
～～～～～～～～～～～～～～～～～～～

Mon poids: ....kg

La nourriture qui me fait le plus envie:

voilà comment je me sens:

Circonférence abdominale: .... cm

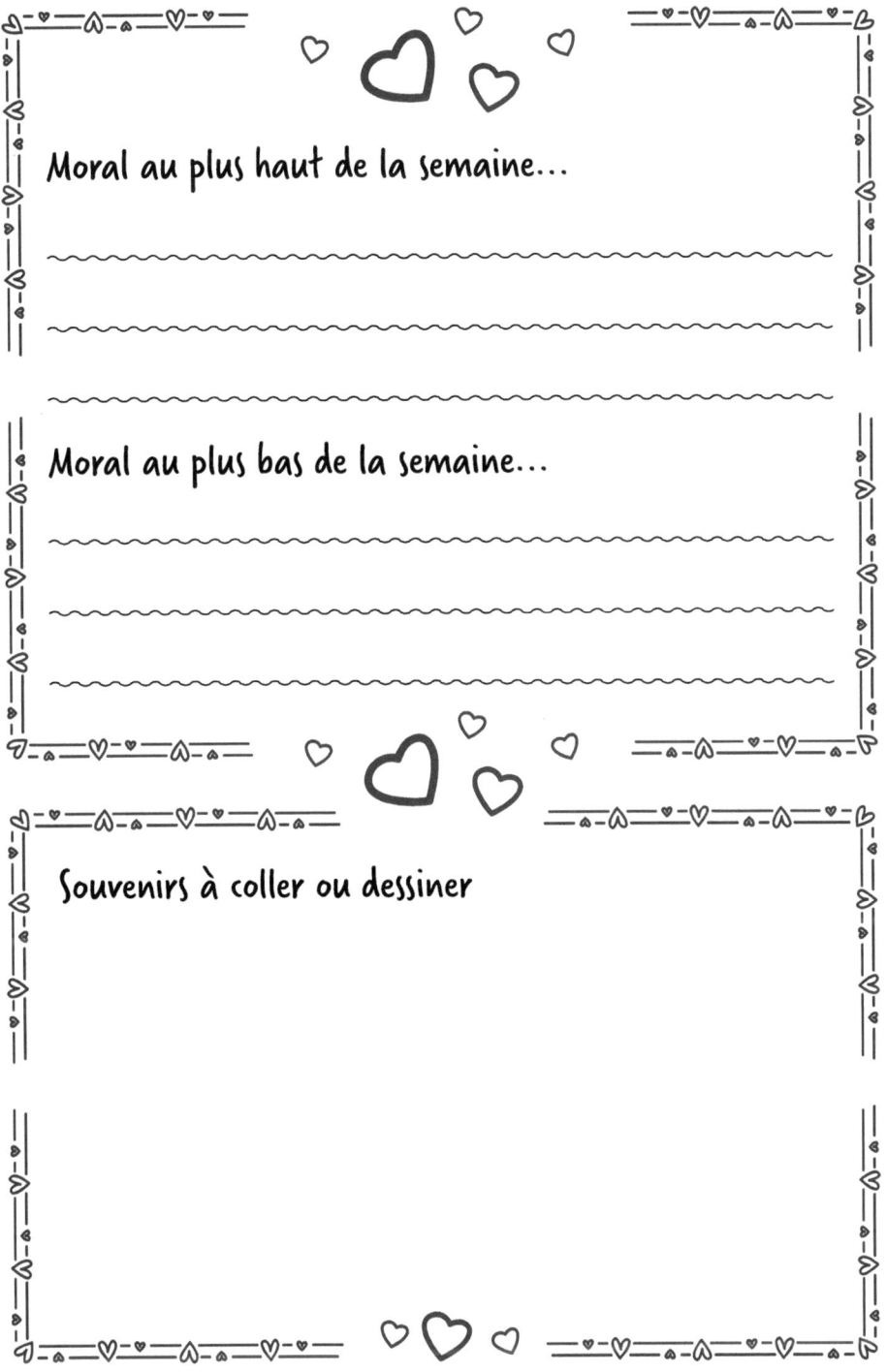

Moral au plus haut de la semaine...

Moral au plus bas de la semaine...

Souvenirs à coller ou dessiner

Semaine 12

Cher journal,   Date: ～～～～～

～～～～～～～～～～～～～～～～～～～～

～～～～～～～～～～～～～～～～～～～～

～～～～～～～～～～～～～～～～～～～～

～～～～～～～～～～～～～～～～～～～～

～～～～～～～～～～～～～～～～～～～～

～～～～～～～～～～～～～～～～～～～～

～～～～～～～～～～～～～～～～～～～～

Mon
poids: ....kg

La nourriture qui
me fait le plus envie:

voilà comment
je me sens:

Circonférence
abdominale: .... cm

Moral au plus haut de la semaine...

Moral au plus bas de la semaine...

Souvenirs à coller ou dessiner

Photo de mon ventre

3ème mois

Ce sera....

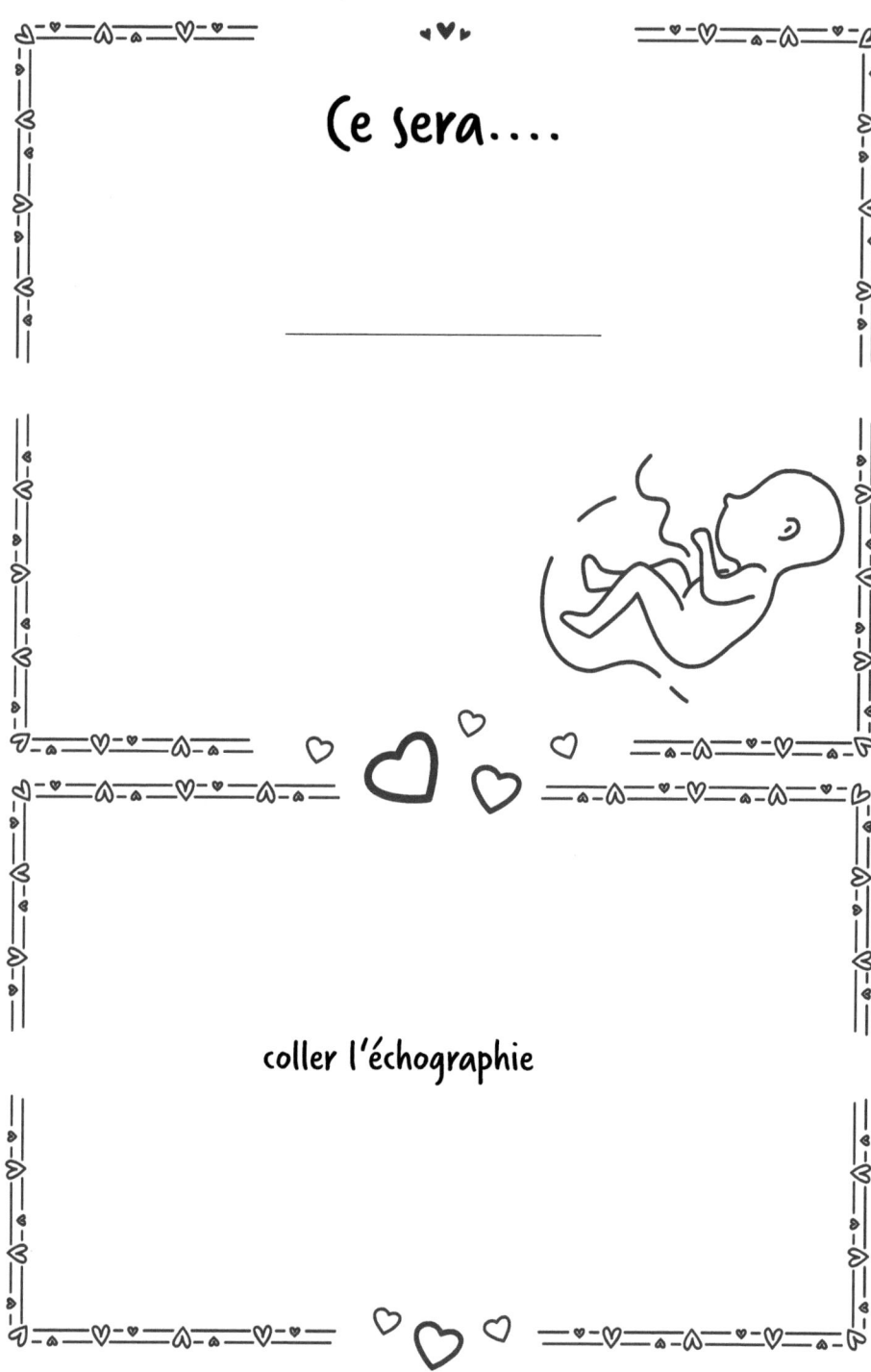

_____

coller l'échographie

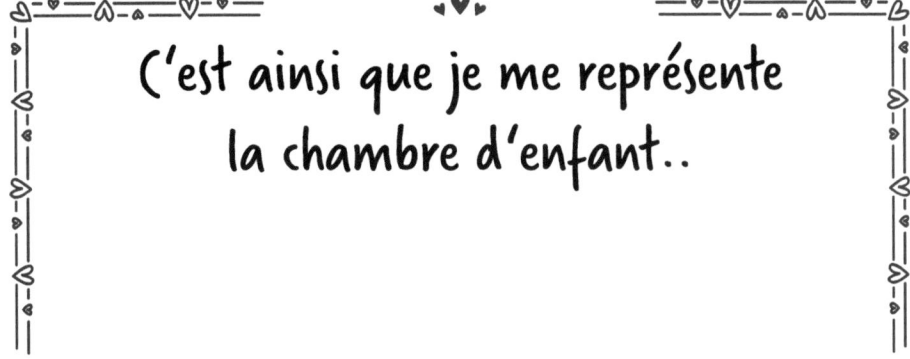

C'est ainsi que je me représente la chambre d'enfant..

Fais un collage photo de chambres d'enfants qui t'inspirent

Semaine 13

Cher journal,   Date: ~~~~~~

~~~~~~

~~~~~~

~~~~~~

~~~~~~

~~~~~~

~~~~~~

Mon
poids: ....kg

La nourriture qui
me fait le plus envie:

voilà comment
je me sens:

Circonférence
abdominale: ....cm

Moral au plus haut de la semaine...

~~~~~~

~~~~~~

~~~~~~

Moral au plus bas de la semaine...

~~~~~~

~~~~~~

~~~~~~

Souvenirs à coller ou dessiner

Semaine 14

Cher journal,

Date: ~~~~~~~~~

~~~~~~

~~~~~~

~~~~~~

~~~~~~

~~~~~~

~~~~~~

~~~~~~

Mon poids: ....kg

La nourriture qui me fait le plus envie:

voilà comment je me sens:

Circonférence abdominale: .... cm

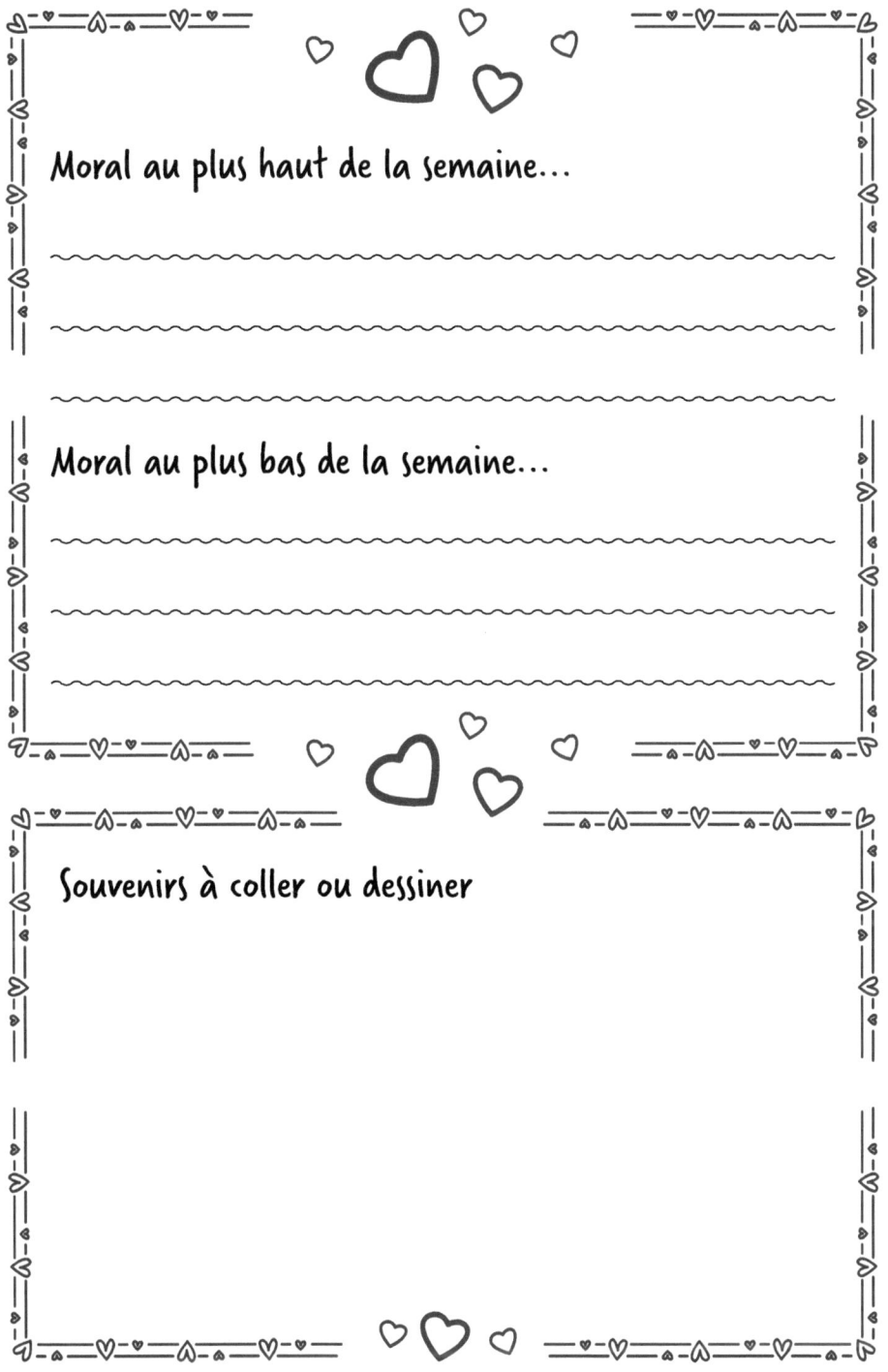

Moral au plus haut de la semaine...

Moral au plus bas de la semaine...

Souvenirs à coller ou dessiner

Semaine 15

Cher journal,   Date: ～～～

～～～～～～～～～～～～～～～～～～～～～～

～～～～～～～～～～～～～～～～～～～～～～

～～～～～～～～～～～～～～～～～～～～～～

～～～～～～～～～～～～～～～～～～～～～～

～～～～～～～～～～～～～～～～～～～～～～

～～～～～～～～～～～～～～～～～～～～～～

～～～～～～～～～～～～～～～～～～～～～～

Mon poids: ....kg

La nourriture qui me fait le plus envie:

voilà comment je me sens:

Circonférence abdominale: .... cm

Moral au plus haut de la semaine...

~~~~~~~~~~~~~~~~~~~~~~~~~~~~~~~~~

~~~~~~~~~~~~~~~~~~~~~~~~~~~~~~~~~

~~~~~~~~~~~~~~~~~~~~~~~~~~~~~~~~~

Moral au plus bas de la semaine...

~~~~~~~~~~~~~~~~~~~~~~~~~~~~~~~~~

~~~~~~~~~~~~~~~~~~~~~~~~~~~~~~~~~

~~~~~~~~~~~~~~~~~~~~~~~~~~~~~~~~~

Souvenirs à coller ou dessiner

Semaine 16

Cher journal,

Date: ～～～～

～～～～～～～～～～～～～～～～～
～～～～～～～～～～～～～～～～～

～～～～～～～～～～～～～～～～～
～～～～～～～～～～～～～～～～～
～～～～～～～～～～～～～～～～～
～～～～～～～～～～～～～～～～～
～～～～～～～～～～～～～～～～～

Mon poids: ....kg

La nourriture qui me fait le plus envie:

voilà comment je me sens:

Circonférence abdominale: .... cm

Moral au plus haut de la semaine...

Moral au plus bas de la semaine...

Souvenirs à coller ou dessiner

Photo de mon ventre

4ème mois

Semaine 17

Cher journal,   Date:

_____

Mon poids: ....kg

La nourriture qui me fait le plus envie:

voilà comment je me sens:

Circonférence abdominale: .... cm

Moral au plus haut de la semaine...

~~~~~~

~~~~~~

~~~~~~

Moral au plus bas de la semaine...

~~~~~~

~~~~~~

~~~~~~

Souvenirs à coller ou dessiner

Semaine 18

Cher journal,

Date: ～～～～

～～～～～～～～～～～～～～～～～～～
～～～～～～～～～～～～～～～～～～～

～～～～～～～～～～～～～～～～～～～
～～～～～～～～～～～～～～～～～～～
～～～～～～～～～～～～～～～～～～～
～～～～～～～～～～～～～～～～～～～
～～～～～～～～～～～～～～～～～～～

Mon poids: ....kg

La nourriture qui me fait le plus envie:

voilà comment je me sens:

Circonférence abdominale: .... cm

Moral au plus haut de la semaine…

Moral au plus bas de la semaine…

Souvenirs à coller ou dessiner

Semaine 19

Cher journal,   Date: ~~~~~~

~~~~~~

~~~~~~

~~~~~~

~~~~~~

~~~~~~

~~~~~~

~~~~~~

Mon poids: ....kg

La nourriture qui me fait le plus envie:

voilà comment je me sens:

Circonférence abdominale: .... cm

Moral au plus haut de la semaine...

Moral au plus bas de la semaine...

Souvenirs à coller ou dessiner

Semaine 20

Cher journal,

Date:

~~~~~~

~~~~~~

~~~~~~

~~~~~~

~~~~~~

~~~~~~

~~~~~~

Mon poids: ....kg

La nourriture qui me fait le plus envie:

voilà comment je me sens:

Circonférence abdominale: .... cm

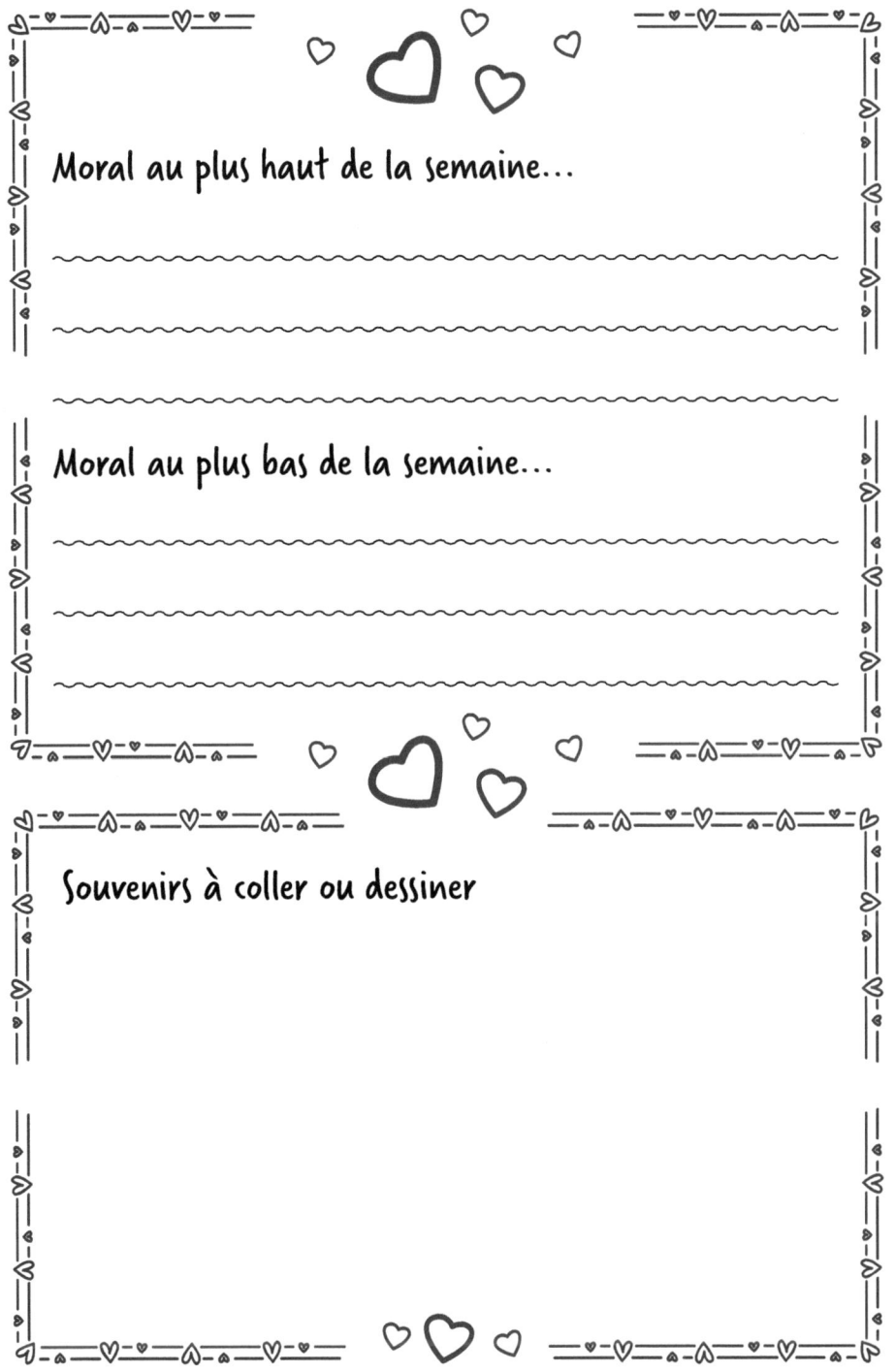

Moral au plus haut de la semaine...

~~~~~~

~~~~~~

~~~~~~

Moral au plus bas de la semaine...

~~~~~~

~~~~~~

~~~~~~

Souvenirs à coller ou dessiner

Photo de mon ventre

5ème mois

Semaine 21

Cher journal,

Date:

Mon poids: ....kg

La nourriture qui me fait le plus envie:

voilà comment je me sens:

Circonférence abdominale: .... cm

Moral au plus haut de la semaine...

~~~~~~

~~~~~~

~~~~~~

Moral au plus bas de la semaine...

~~~~~~

~~~~~~

~~~~~~

Souvenirs à coller ou dessiner

Semaine 22

Cher journal,   Date: ~~~~~~

~~~~~~

~~~~~~

~~~~~~

~~~~~~

~~~~~~

~~~~~~

~~~~~~

Mon poids: ....kg

La nourriture qui me fait le plus envie:

voilà comment je me sens:

Circonférence abdominale: .... cm

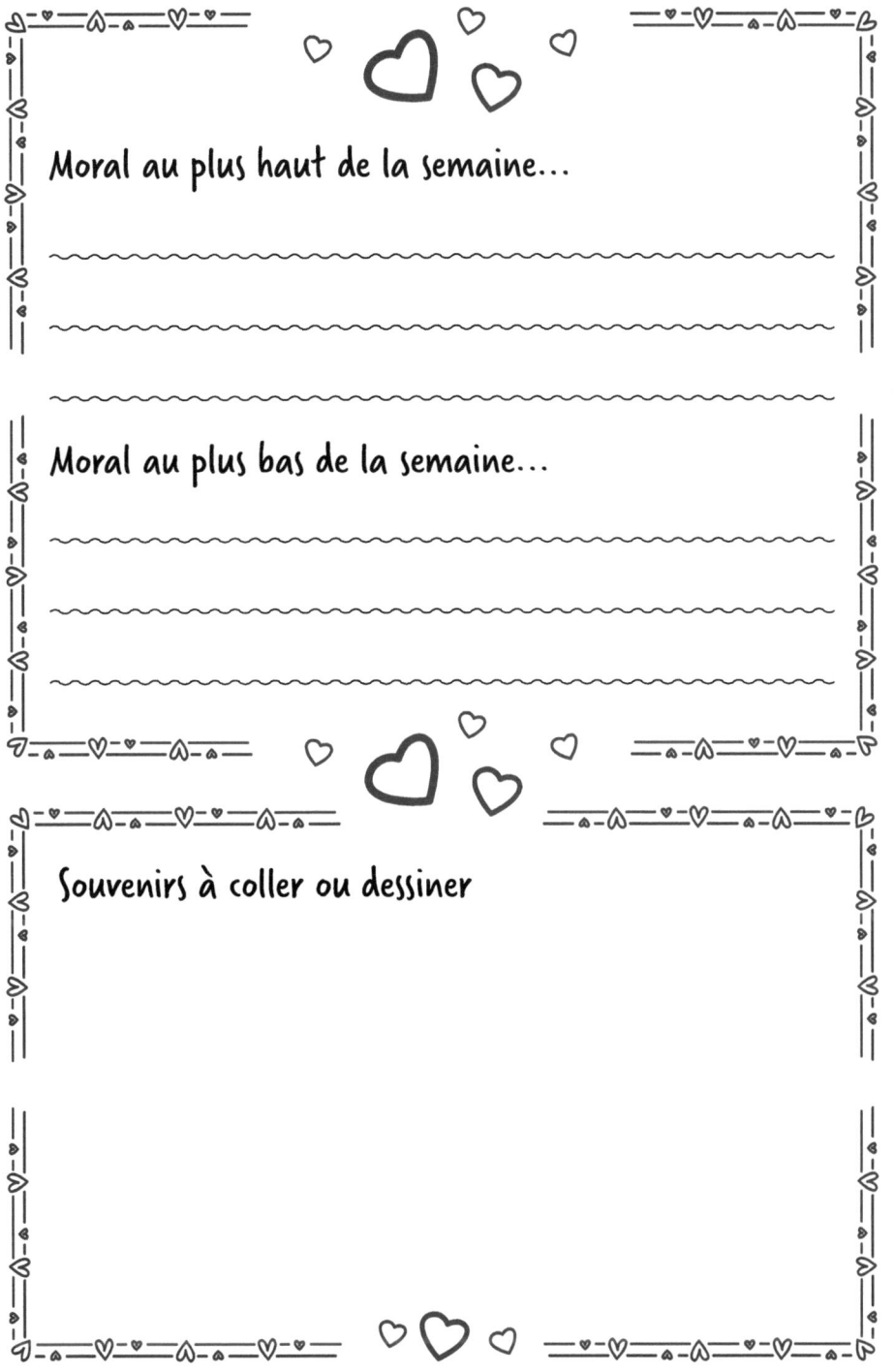

Moral au plus haut de la semaine...

Moral au plus bas de la semaine...

Souvenirs à coller ou dessiner

Semaine **23**

Cher journal,   Date: ~~~~~~~~

~~~~~~

~~~~~~

~~~~~~

~~~~~~

~~~~~~

~~~~~~

~~~~~~

Mon poids: ....kg

La nourriture qui me fait le plus envie:

voilà comment je me sens:

Circonférence abdominale: .... cm

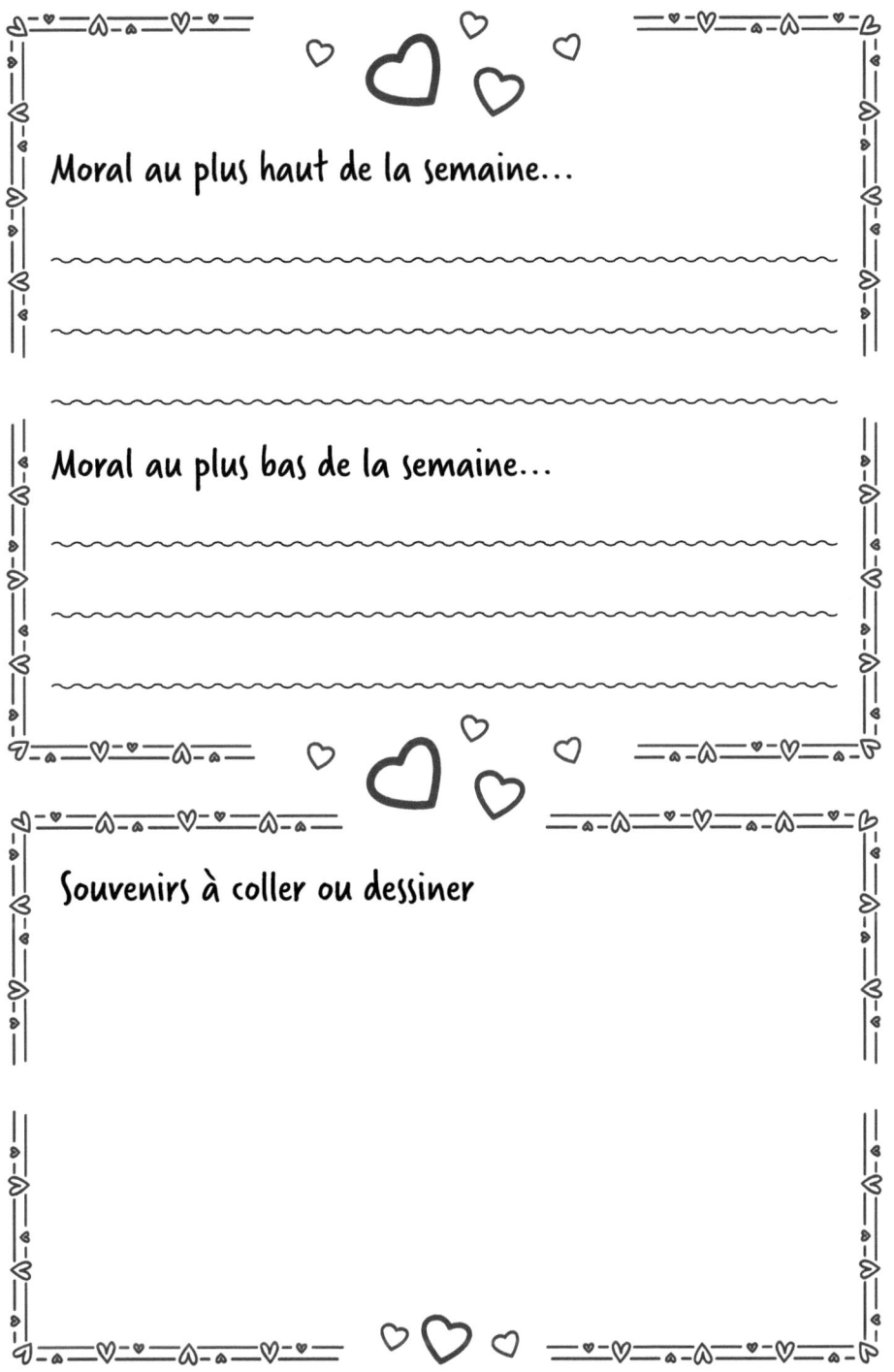

Moral au plus haut de la semaine...

Moral au plus bas de la semaine...

Souvenirs à coller ou dessiner

Semaine 24

Cher journal,   Date: ～～～～～

～～～～～～～～～～～～～～～～～～～～～～～～

～～～～～～～～～～～～～～～～～～～～～～～～

～～～～～～～～～～～～～～～～～～～～～～～～

～～～～～～～～～～～～～～～～～～～～～～～～

～～～～～～～～～～～～～～～～～～～～～～～～

～～～～～～～～～～～～～～～～～～～～～～～～

Mon
poids: ....kg

La nourriture qui
me fait le plus envie:

voilà comment
je me sens:

Circonférence
abdominale: .... cm

Moral au plus haut de la semaine...

~~~~~~~~~~~~~~~~~~~~~~~~~~~~~~~~~~

~~~~~~~~~~~~~~~~~~~~~~~~~~~~~~~~~~

Moral au plus bas de la semaine...

~~~~~~~~~~~~~~~~~~~~~~~~~~~~~~~~~~

~~~~~~~~~~~~~~~~~~~~~~~~~~~~~~~~~~

~~~~~~~~~~~~~~~~~~~~~~~~~~~~~~~~~~

Souvenirs à coller ou dessiner

Photo de mon ventre

6ème mois

Semaine **25**

Cher journal,   Date: ~~~~~

~~~~~~

~~~~~~

~~~~~~

~~~~~~

~~~~~~

~~~~~~

~~~~~~

Mon poids: ....kg

La nourriture qui me fait le plus envie:

voilà comment je me sens:

Circonférence abdominale: .... cm

Moral au plus haut de la semaine...

~~~~~~

~~~~~~

~~~~~~

Moral au plus bas de la semaine...

~~~~~~

~~~~~~

~~~~~~

Souvenirs à coller ou dessiner

Semaine **26**

Cher journal,   Date: ~~~~~~~~

~~~~~~

~~~~~~

~~~~~~

~~~~~~

~~~~~~

~~~~~~

Mon poids: ....kg

La nourriture qui me fait le plus envie:

voilà comment je me sens:

Circonférence abdominale: .... cm

Moral au plus haut de la semaine...

Moral au plus bas de la semaine...

Souvenirs à coller ou dessiner

Semaine 27

Cher journal,

Date: ~~~~~~~~~

~~~~~~~~~~~~~~~~~~~~~~~~~~~~~~~~~~~~~~

~~~~~~~~~~~~~~~~~~~~~~~~~~~~~~~~~~~~~

~~~~~~~~~~~~~~~~~~~~~~~~~~~~~~~~~~~~~

~~~~~~~~~~~~~~~~~~~~~~~~~~~~~~~~~~~~~

~~~~~~~~~~~~~~~~~~~~~~~~~~~~~~~~~~~~~

~~~~~~~~~~~~~~~~~~~~~~~~~~~~~~~~~~~~~

~~~~~~~~~~~~~~~~~~~~~~~~~~~~~~~~~~~~~

Mon poids: ....kg

La nourriture qui me fait le plus envie:

voilà comment je me sens:

Circonférence abdominale: .... cm

Moral au plus haut de la semaine...

Moral au plus bas de la semaine...

Souvenirs à coller ou dessiner

Semaine 28

Cher journal,   Date:

~~~~~~

~~~~~~

~~~~~~

~~~~~~

~~~~~~

~~~~~~

~~~~~~

Mon poids: ....kg

La nourriture qui me fait le plus envie:

voilà comment je me sens:

Circonférence abdominale: .... cm

Moral au plus haut de la semaine...

〰〰〰〰〰〰〰〰〰〰〰〰〰〰〰〰〰〰

〰〰〰〰〰〰〰〰〰〰〰〰〰〰〰〰〰〰

〰〰〰〰〰〰〰〰〰〰〰〰〰〰〰〰〰〰

Moral au plus bas de la semaine...

〰〰〰〰〰〰〰〰〰〰〰〰〰〰〰〰〰〰

〰〰〰〰〰〰〰〰〰〰〰〰〰〰〰〰〰〰

〰〰〰〰〰〰〰〰〰〰〰〰〰〰〰〰〰〰

Souvenirs à coller ou dessiner

Photo de mon ventre

7ème mois

Semaine 29

Cher journal,   Date: ~~~~~~~~

~~~~~~

~~~~~~

~~~~~~

~~~~~~

~~~~~~

~~~~~~

~~~~~~

Mon poids: ....kg

La nourriture qui me fait le plus envie:

voilà comment je me sens:

Circonférence abdominale: .... cm

Moral au plus haut de la semaine...

Moral au plus bas de la semaine...

Souvenirs à coller ou dessiner

Semaine **30**

Cher journal,   Date: ‿‿‿‿‿

~~~~~~

~~~~~~

~~~~~~

~~~~~~

~~~~~~

~~~~~~

~~~~~~

Mon poids: ....kg

La nourriture qui me fait le plus envie:

voilà comment je me sens:

Circonférence abdominale: .... cm

Moral au plus haut de la semaine...

~~~~~~

~~~~~~

~~~~~~

Moral au plus bas de la semaine...

~~~~~~

~~~~~~

~~~~~~

Souvenirs à coller ou dessiner

Semaine 31

Cher journal,

Date: ～～～～

～～～～～～～～～～～～～～～～～～～～～

～～～～～～～～～～～～～～～～～～～～～

～～～～～～～～～～～～～～～～～～～～～

～～～～～～～～～～～～～～～～～～～～～

～～～～～～～～～～～～～～～～～～～～～

～～～～～～～～～～～～～～～～～～～～～

Mon poids: ....kg

La nourriture qui me fait le plus envie:

voilà comment je me sens:

Circonférence abdominale: .... cm

Moral au plus haut de la semaine...

Moral au plus bas de la semaine...

Souvenirs à coller ou dessiner

Semaine **32**

Cher journal,   Date: ~~~~~~

~~~~~~

~~~~~~

~~~~~~

~~~~~~

~~~~~~

~~~~~~

~~~~~~

Mon
poids: ....kg

La nourriture qui
me fait le plus envie:

voilà comment
je me sens:

Circonférence
abdominale: .... cm

Moral au plus haut de la semaine...

~~~~~~

~~~~~~

~~~~~~

Moral au plus bas de la semaine...

~~~~~~

~~~~~~

~~~~~~

Souvenirs à coller ou dessiner

Photo de mon ventre

8ème mois

Semaine **33**

Cher journal,   Date: ~~~~~~~

~~~~~~

~~~~~~

~~~~~~

~~~~~~

~~~~~~

~~~~~~

~~~~~~

Mon poids: ....kg

La nourriture qui me fait le plus envie:

voilà comment je me sens:

Circonférence abdominale: .... cm

Moral au plus haut de la semaine...

Moral au plus bas de la semaine...

Souvenirs à coller ou dessiner

Semaine 34

Cher journal,   Date:

~~~~~~~~~~~~~~~~~~~~~~~~~~~~~~~~~~~

~~~~~~~~~~~~~~~~~~~~~~~~~~~~~~~~~~~

~~~~~~~~~~~~~~~~~~~~~~~~~~~~~~~~~~~

~~~~~~~~~~~~~~~~~~~~~~~~~~~~~~~~~~~

~~~~~~~~~~~~~~~~~~~~~~~~~~~~~~~~~~~

~~~~~~~~~~~~~~~~~~~~~~~~~~~~~~~~~~~

Mon poids: ....kg

La nourriture qui me fait le plus envie:

voilà comment je me sens:

Circonférence abdominale: ....cm

Moral au plus haut de la semaine...

Moral au plus bas de la semaine...

Souvenirs à coller ou dessiner

Semaine 35

Cher journal,

Date: ~~~~~~~~

~~~~~~~~~~~~~~~~~~~~~~~~~~~~~~~~~~~~~

~~~~~~~~~~~~~~~~~~~~~~~~~~~~~~~~~~~~

~~~~~~~~~~~~~~~~~~~~~~~~~~~~~~~~~~~~

~~~~~~~~~~~~~~~~~~~~~~~~~~~~~~~~~~~~

~~~~~~~~~~~~~~~~~~~~~~~~~~~~~~~~~~~~

~~~~~~~~~~~~~~~~~~~~~~~~~~~~~~~~~~~~

Mon poids: ....kg

La nourriture qui me fait le plus envie:

voilà comment je me sens:

Circonférence abdominale: .... cm

Moral au plus haut de la semaine…

Moral au plus bas de la semaine…

Souvenirs à coller ou dessiner

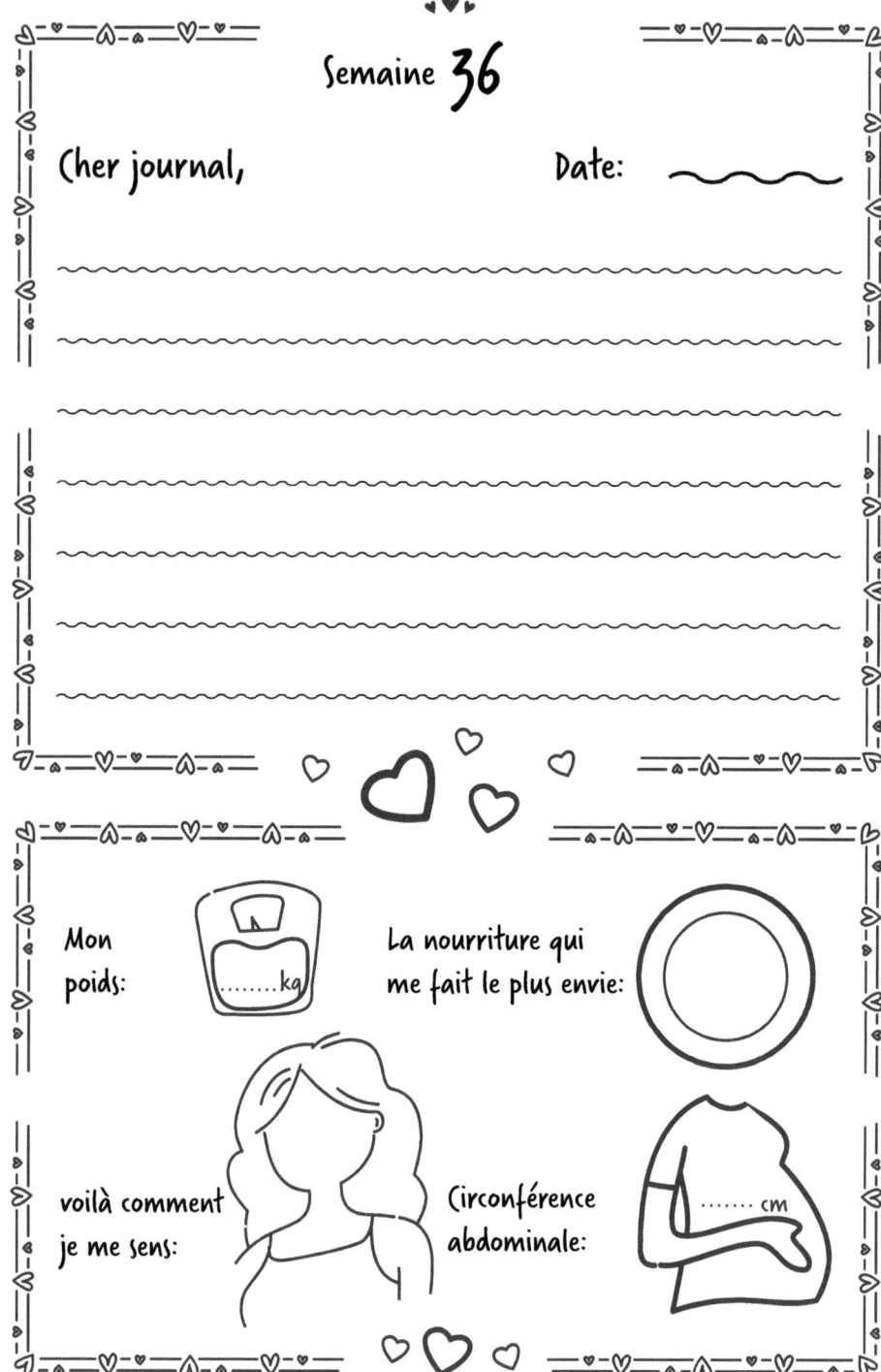

Semaine 36

Cher journal,   Date: ～～～～

～～～～～～～～～～～～～～～～～～～～～～～

～～～～～～～～～～～～～～～～～～～～～～～

～～～～～～～～～～～～～～～～～～～～～～～

～～～～～～～～～～～～～～～～～～～～～～～

～～～～～～～～～～～～～～～～～～～～～～～

～～～～～～～～～～～～～～～～～～～～～～～

～～～～～～～～～～～～～～～～～～～～～～～

Mon
poids: ....kg

La nourriture qui
me fait le plus envie:

voilà comment
je me sens:

Circonférence
abdominale: .... cm

Moral au plus haut de la semaine...

Moral au plus bas de la semaine...

Souvenirs à coller ou dessiner

Photo de mon ventre

9ème mois

Semaine 37

Cher journal,   Date: ~~~~~~

~~~~~~

~~~~~~

~~~~~~

~~~~~~

~~~~~~

~~~~~~

Mon
poids: ....kg

La nourriture qui
me fait le plus envie:

voilà comment
je me sens:

Circonférence
abdominale: .... cm

Moral au plus haut de la semaine...

Moral au plus bas de la semaine...

Souvenirs à coller ou dessiner

Semaine 38

Cher journal,

Date:

~~~~~~

~~~~~~

~~~~~~

~~~~~~

~~~~~~

~~~~~~

~~~~~~

Mon poids: ....kg

La nourriture qui me fait le plus envie:

voilà comment je me sens:

Circonférence abdominale: .... cm

Moral au plus haut de la semaine...

Moral au plus bas de la semaine...

Souvenirs à coller ou dessiner

Semaine 39

Cher journal,   Date: ~~~~~~

~~~~~~~~~~~~~~~~~~~~~~~~~~~~~~~~~~~~~~

~~~~~~~~~~~~~~~~~~~~~~~~~~~~~~~~~~~~~~

~~~~~~~~~~~~~~~~~~~~~~~~~~~~~~~~~~~~~~

~~~~~~~~~~~~~~~~~~~~~~~~~~~~~~~~~~~~~~

~~~~~~~~~~~~~~~~~~~~~~~~~~~~~~~~~~~~~~

~~~~~~~~~~~~~~~~~~~~~~~~~~~~~~~~~~~~~~

~~~~~~~~~~~~~~~~~~~~~~~~~~~~~~~~~~~~~~

Mon
poids: ....kg

La nourriture qui
me fait le plus envie:

voilà comment
je me sens:

Circonférence
abdominale: ....cm

Moral au plus haut de la semaine...

Moral au plus bas de la semaine...

Souvenirs à coller ou dessiner

Semaine **40**

Cher journal,

Date: ～～～～

～～～～～～～～～～～～～～～～～～
～～～～～～～～～～～～～～～～～～
～～～～～～～～～～～～～～～～～～
～～～～～～～～～～～～～～～～～～
～～～～～～～～～～～～～～～～～～
～～～～～～～～～～～～～～～～～～
～～～～～～～～～～～～～～～～～～

Mon
poids: ....kg

La nourriture qui
me fait le plus envie:

voilà comment
je me sens:

Circonférence
abdominale: .... cm

Moral au plus haut de la semaine...

~~~~~~~~~~~~~~~~~~~~~~~~~~~~~~~~~~~~~

~~~~~~~~~~~~~~~~~~~~~~~~~~~~~~~~~~~~~

~~~~~~~~~~~~~~~~~~~~~~~~~~~~~~~~~~~~~

Moral au plus bas de la semaine...

~~~~~~~~~~~~~~~~~~~~~~~~~~~~~~~~~~~~~

~~~~~~~~~~~~~~~~~~~~~~~~~~~~~~~~~~~~~

~~~~~~~~~~~~~~~~~~~~~~~~~~~~~~~~~~~~~

Souvenirs à coller ou dessiner

Photo de mon ventre

10ème mois

Semaine **41**

Cher journal,   Date: ～～～～～

～～～～～～～～～～～～～～～～～～～～～～～～～

～～～～～～～～～～～～～～～～～～～～～～～～～

～～～～～～～～～～～～～～～～～～～～～～～～～

～～～～～～～～～～～～～～～～～～～～～～～～～

～～～～～～～～～～～～～～～～～～～～～～～～～

～～～～～～～～～～～～～～～～～～～～～～～～～

Mon
poids: ....kg

La nourriture qui
me fait le plus envie:

voilà comment
je me sens:

Circonférence
abdominale: .... cm

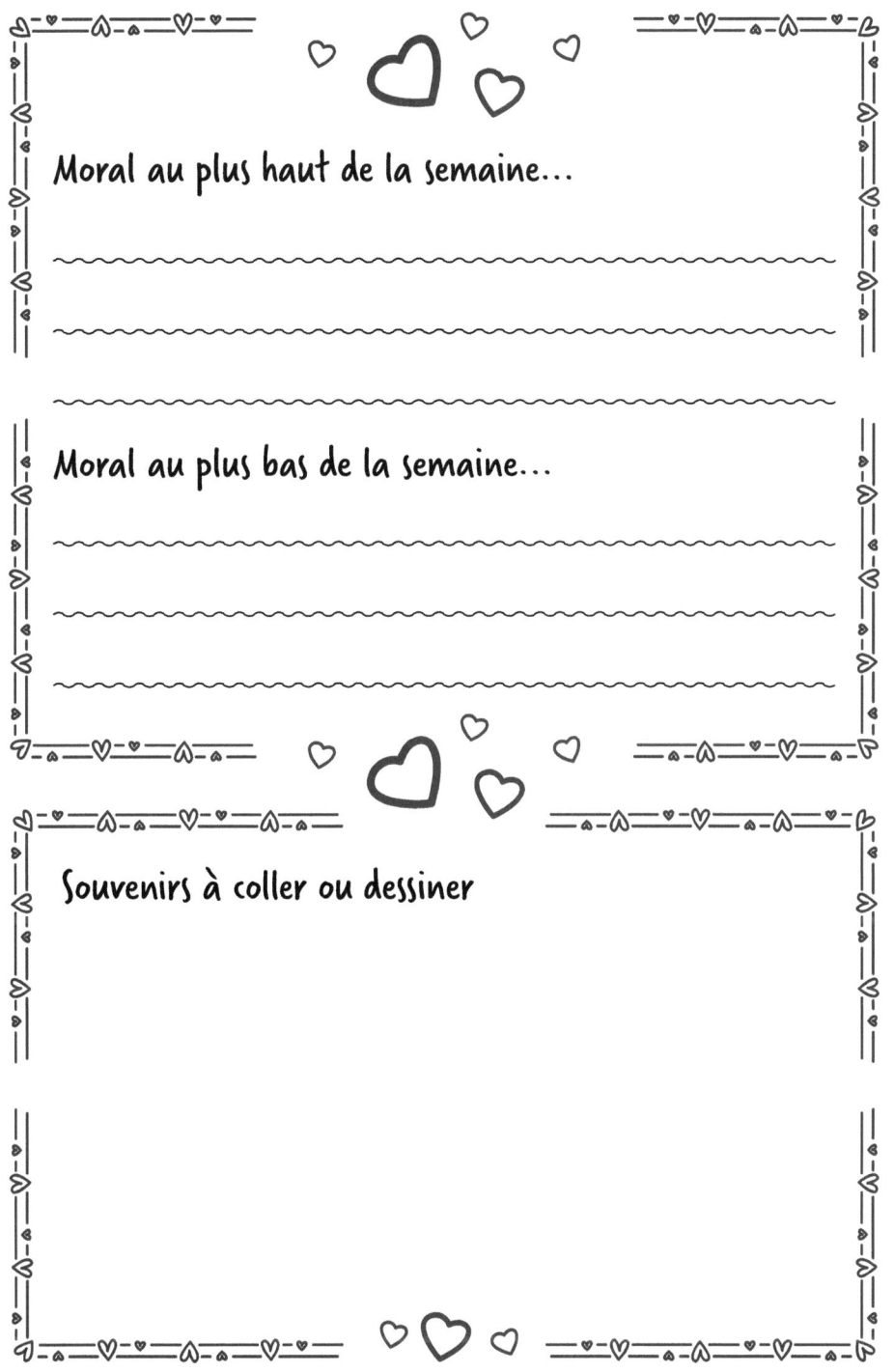

Moral au plus haut de la semaine...

~~~~~~

~~~~~~

~~~~~~

Moral au plus bas de la semaine...

~~~~~~

~~~~~~

~~~~~~

Souvenirs à coller ou dessiner

Chaque voyage est le rêve d'une nouvelle naissance.

Mes expériences

Les moments difficiles:

Les étapes essentielles pour moi:

Ce que je ferais différemment la prochaine fois:

Se sera ton prénom

Pourquoi nous avons choisi ce prénom:

~~~~~~~~~~~~~~~~~~~~~~~~~~~~~~~~~~~~~~~

~~~~~~~~~~~~~~~~~~~~~~~~~~~~~~~~~~~~~~~

~~~~~~~~~~~~~~~~~~~~~~~~~~~~~~~~~~~~~~~

~~~~~~~~~~~~~~~~~~~~~~~~~~~~~~~~~~~~~~~

~~~~~~~~~~~~~~~~~~~~~~~~~~~~~~~~~~~~~~~

Photos et Souvenirs

Je te souhaite:

C'est toi:

Nom: ~~~~~~~~~~~~~~~~~~~~~~~

Anniversaire: ~~~~~~~~~~~~~~~~~

Poids: ~~~~~~~~~~~~~~~~~~~~~

Nous voici:

Impressum

Feedback:
feedback@mertens-publication.de

Edition : Books on Demand,
12/14 rond-Point des Champs-Elysées, 75008 Paris
Impression : BoD - Books on Demand, Norderstedt, Allemagne
ISBN :
9782322128242

Mertens Ventures Ltd.
Tefkrou Anthia No 2 Office 301
6045 Larnaca
Zypern
E-Mail: kontakt@mertens-publication.de

Dépôt légal : juillet 2019